Der Weihnachtsmann

Der Weihnachtsmann
© Th. Gut Verlag, Zürich 2020
Gestaltung: fraufederer.ch
Druck und Bindung: Somedia Production
ISBN 978-3-85717-287-8
Alle Rechte vorbehalten.

Besuchen Sie uns im Internet: www.gutverlag.ch

Bei dem in diesem Buch abgedruckten Text wurde von Seiten
des Verlages jede Anstrengung unternommen, den/die Rechteinhaber/in
zu ermitteln. Sollten darüber hinaus Ansprüche bestehen, wird der/die
Rechtsinhaber/in gebeten, sich beim Verlag zu melden.

Werner Wilk

Der Weihnachtsmann

Oculus Illustration
Sibylle Heusser und Marcus Moser

Th. Gut Verlag

Werner Wilk (1900 – 1970)

Werner Wilk, 1900 in Neubrandenburg geboren, war ein deutscher Schriftsteller, Lektor und Literaturkritiker. Nach einer Ausbildung als Konstrukteur war Wilk in jungen Jahren vor allem als Bühnenschauspieler und Regieassistent tätig, bevor er sich in der Nachkriegszeit dem Verlagswesen zuwandte. Er veröffentlichte zahlreiche Erzählungen und Hörspiele. Für seine Erzählung *Hellriegel* erhielt er 1959 den Bertelsmann-Preis. Er starb 1970 in Berlin.

Es begann zu regnen, und der Alte entschloß sich, den Spaziergang abzubrechen und mit der Straßenbahn zurückzufahren. Der kalte, böige Wind nahm ohnehin dem Gehen das gemächlich Erholsame und machte die Bewegung freudlos und mühselig. Der Winter, ehe er sich dazu entschließt, weiß und frostig und klar zu werden, ist eine trübe und mißliche Jahreszeit und bringt einem alten Mann, der kalte Füße und Ohrenschmerzen scheut, Verdruß und gallige Laune. Auch das Fest, dem man nun wieder so nahe war, das schönste aller Feste, war mehr Ärgernis als Beglückung. Es war ein Fest der andern, der Jüngeren und Jungen. Es war ein Fest, das ihn nichts mehr anging, so wie die Autos auf den Straßen, die Dekorationen der Schaufenster, die Fassaden und Türen und Fensterreihen der flachgeschossigen Neubauten ihn nichts mehr angingen.

«Wäre es nur erst vorüber!», seufzte der Alte. Er stieg auf die hintere Plattform der Straßenbahn und blieb dort stehen. Die Bänke im Innern waren besetzt, und es lohnte auch nicht, sich für die kurze Strecke nach einem Platz umzusehen. Neben ihm standen zwei Mädchen von vierzehn oder fünfzehn Jahren mit ihren Schultaschen, die eine gegen den ausladenden, aber festgehakten Hebel der Handbremse gelehnt. Sie beachteten ihn nicht, und er beachtete sie nicht. Das zunächststehende Mädchen drehte ihm den

Rücken zu und verdeckte zur Hälfte die Freundin, jene am Bremshebel. Sie mochten von diesem letzten Schultag vor den Ferien sprechen, vielleicht von Lehrerinnen und Lehrern, vielleicht von Freundinnen und Freunden, er hörte es nicht. Da aber fiel ein Wort, das den alten Mann unmittelbar anrührte, ihn aufhorchen ließ und ihn zwang, Rede und Gegenrede, wie sie nun an sein Ohr drangen, aufmerksam zu verfolgen.

«Wir feiern nicht», sagte die eine, noch im kindlichen Klang schwingende, aber Gebärde und Ausdruck sachlich erwachsen hinsetzende Stimme.

«Ihr feiert nicht?», fragte die andere leiser und verwirrt. «Wie denn? Das geht doch gar nicht!»

«Wir haben... Meiner Mutti ist überhaupt nicht nach Feiern zumute, weißt du. Mir auch nicht. Wirklich. Meine Mutti braucht jeden Pfennig für ein Geschäft. Wir werden vielleicht ein Geschäft aufmachen, nicht wahr, einen Laden. Süßwaren. Nicht aufmachen, sondern übernehmen. Was soll schon sein? Irgend etwas muß meine Mutti ja...»

«Aber feiern, Uschi – man kann doch nicht einfach sagen, wir feiern nicht! Es ist doch in der ganzen Welt – was wollt ihr denn tun?»

«Nichts. Ein Tag ist wie der andere.»

«Nein! Nein, nein. Es ist Feiertag, es ist Heiligabend. Ihr könnt doch nicht einfach daran vorbei – ihr könnt das doch nicht auslöschen! Es ist unmöglich, nicht zu feiern.»

«Ach, gar nicht. Wieso denn? Wenn man sich doch nichts schenken kann?» – «Arme Uschi!»

«Ach, red nicht, Gischi! Gar nicht. Das ist ganz einfach.»

«Ich bin schon schrecklich gespannt und – erwartungsvoll und neugierig und – ganz festlich gestimmt. Meine Mutti sagt, ihr ist noch gar nicht weihnachtlich. Kann ich nicht verstehen. Na, du tust ja auch nur so, Uschi. Eine Kleinigkeit schenkt ihr euch ja doch, ein ganz kleines bißchen.»

«Wirklich nicht, Gischi. Wir feiern nicht. Es wäre ein Hohn. Meine Mutti sagt das auch. Mutti ist eine tüchtige, eine großartige Frau. Das kannst du glauben. Sie weiß, was sie will. Und ich weiß es auch. Sie will nichts davon wissen, und ich auch nicht. Wir beide nicht.»

«Aber das muß doch einen Grund haben?»

«Vati ist nicht mehr bei uns. Das weißt du doch.»

«Nein. Ich ...»

«Seit – na seit einem Jahr beinahe. Ach, du, das ist vielleicht ein Trimoli! Ich hätte mir nicht vorstellen können, daß das so aufregend und interessant ist. Aufregend vielleicht, aber auch interessant. Meine Mutti klagt doch auf Scheidung. Du glaubst nicht, was das für eine schwierige Sache ist, alles juristisch. Wem die Wohnung zusteht, wem die Möbel gehören, die Anschaffungen besonders. Und das Wichtigste bin ich. Das Sorgerecht und Vormundschaft und Unterhaltspflicht! Ach, du lieber Gott! Und dann natürlich der Scheidungsgrund. Da gibt es lange Schriftsätze und Besprechungen mit dem Anwalt. Und da muß alles mögliche herausgesucht werden, Papiere und Briefe, Liebesbriefe. Du, mein Vati hat an meine Mutti richtige Liebesbriefe geschrieben! Schick, was? Er tut mir ja leid, der Vati. Aber er hat ja schließlich auch schuld.»

«Was hat er denn getan?»

«Ach – weißt du, mein Vati hat manchmal Dummheiten gemacht. Ich glaube, er meint das alles gar nicht so. Vati ist bestimmt nicht schlecht, ganz bestimmt nicht. Aber dann macht er Dummheiten, daß Mutti die Galle ins Blut kommt. Du kennst doch meinen Vati. Nicht? Ach, ich dachte… Früher dachte ich immer, jeder kennt Vati, jeder Mensch. Den Hut ein wenig schief auf dem Kopf, schief nach hinten, Handschuhe, Zigarette, meistens lustig, mit großen Bewegungen und Gesten wie ein Schauspieler, manchmal schweigsam und traurig, auch wie ein Schauspieler. Aber er ist Beamter. Oberinspektor im Sozialamt. Einmal hat er einen Brief an eine Zeitung geschrieben, den haben die gedruckt, und er wäre beinahe entlassen worden. Einmal hat er ein Schwein gekauft, ein lebendes Schwein, stell dir das vor! Das sollte bei uns auf dem Hof geschlachtet werden, und alle Mieter sollten Speck und Wurst bekommen. Mutti hatte großen Ärger, aber sie konnte das Schwein dann doch zu einem Schlächter bringen lassen. Und im vergangenen Jahr zu Weihnachten, zum Heiligabend, lud er eine ganz fremde Frau zu uns ein, eine junge Frau. Sie sei ganz allein, sagte er, habe keinen Menschen und müsse wenigstens an diesem Tag einmal in einer Familie sein.»

«Aber das ist doch nett…»

«Nett? Peinlich war es, schrecklich peinlich. Er hatte

vorher nichts gesagt. Mutti mußte im letzten Augenblick noch einen bunten Teller zurechtzaubern und ein Geschenk aus ihrem Wäscheschrank holen, ein Frottiertuch. Und dann saßen wir da und wußten nicht, was wir sagen sollten. Die Frau wußte auch nicht, was sie sagen sollte. Eine junge Frau aus Görlitz, Flüchtling, aber nicht anerkannt. Sie war eines Tages einfach nach Berlin gefahren und hiergeblieben. Wer macht denn so etwas! Das ganze Fest ist uns durch sie verdorben worden. Eine halbe Stunde lang kannst du vielleicht lächeln und irgend etwas reden, aber nicht drei und vier Stunden lang. Es war schrecklich. Und dann hinterher der Krach. Mutti meint, er hätte ja auch einen alten Mann einladen können, warum gerade eine junge Frau? Na ja, und damit fing es an.»

Es mußte das Mädchen am Bremshebel sein, das Uschi hieß und diese Geschichte erzählte, ihre Stimme klang näher. Aber das war ja gleichgültig. Der alte Mann hatte wie gedankenverloren zur anderen Seite, auf die regennassen Straßen geblickt, um unauffällig zuhören zu können. Ein Stück Schicksal, dachte er, von dem man im Vorübergehen erfährt, wenn man nur die Ohren offenhält. Und wie unbekümmert die Kinder davon sprachen! Er hätte ihm den Mund verbieten mögen, dem naseweisen Ding. Aber das Leben selber hatte es schon in die Lehre genommen, und nun spielte es sich damit auf.

Die Bahn verlangsamte ihre Fahrt und hielt. Der alte Mann stieg auf die Straße hinab; er war am Ziel, hatte nur noch ein paar hundert Meter bis zu seiner Wohnung zu

gehen. Auch die beiden Mädchen waren in Bewegung geraten, und obgleich er sich nicht nach ihnen umsah und auch auf ihre Worte nicht weiter acht gab, war es ihm doch so, als sei deren Sinn und Inhalt Verabschiedung und Verabredung gewesen.

Der Regen war ihm lästig, und es ärgerte ihn, daß Eltern sich aus Egoismus in Situationen brachten, die Kindern sehr verfrüht schlechte Erfahrungen aufladen mußten. Die Eltern verdienten eine Ermahnung und Zurechtweisung, nicht das Kind. Wer aber sollte sie ermahnen und zurechtweisen? Jetzt ging, schon auf dem Bürgersteig, eins der Mädchen an ihm vorüber, knickste und grüßte. Es war Gisela, die Nachbarstochter. «Guten Tag, Gisela», sagte er, verwundert darüber, sie jetzt sofort zu erkennen, während sie ihm soeben noch, obschon er doch ihre Stimme gehört hatte, ganz fremd gewesen war.

«Du mußt aber noch besseres Ferienwetter bestellen», sagte er, sie mit dieser Anrede aufhaltend. «Ihr habt doch nun Ferien?»

«Ja. Heute war der letzte Schultag, mit einer Feier.»

«Freust dich wohl schon?»

«Ja.»

«Sehr, was?»

«Ja. Sehr.»

«Bist du auch mit der Straßenbahn gekommen?»

«Ja.»

«Ich auch. Ich hab' dich gar nicht erkannt.»

«Es war eine Schulfreundin bei mir.»

«Aha. Da habt ihr wohl einen weiten Weg zur Schule?»

«Ja. Aber wenn das Wetter besser ist, laufe ich.»

«Und deine Freundin hat einen noch weiteren?»

«Ja. Sie fährt bis zur nächsten Haltestelle. Sie wohnt in der Hohenbergstraße.»

«Ach. Da hab' ich ja einen Bekannten. Wo denn da?»

«Nummer vierzehn.»

«Nein. Er wohnt gleich hier vorn, im zweiten oder dritten Haus, glaube ich. Ich kenne ihn von der Rentenstelle und vom Spazierengehen.»

«Gärtner heißt sie.»

«Gärtner? Nein. Die kenne ich nicht. Aber ich will dich nicht aufhalten, Gisela. Du hast ja schnellere Beine. Lauf nur zu! Und alles Gute für die Feiertage.»

Ihn mehr und mehr beunruhigend, war dem alten Mann an diesem Tag und am nächsten immer häufiger der Name Uschi Gärtner eingefallen, und ihre Adresse dazu, Hohenbergstraße vierzehn. Uschi Gärtner, Hohenbergstraße vierzehn. Und er wußte nicht, warum es ihm nicht gelingen wollte, die Erzählung dieser Uschi Gärtner und insbesondere ihre Behauptung, sie werde mit ihrer Mutter das Fest nicht feiern, zu vergessen und aus seinen Gedanken zu verbannen. Er selbst hatte gewiß wenig im Sinn mit der Weihnachtsfeier. Er war ein alter Mann, und von Jahr zu Jahr mehr hatte er die deutliche Empfindung, wenigstens am Heiligen Abend, den er nun schon seit länger als einem Jahrzehnt in der Familie seiner Nichte verlebte, überflüssig

und im Grunde unwillkommen zu sein. Er wünschte sich, Bescherung und Festessen möchten schnell und einfach und unauffällig vorüberziehen und dann überstanden sein. Aber noch niemals war es ihm eingefallen, sich dem Fest und den festlichen Bräuchen einfach zu entziehen. Er hätte es für unmöglich und undurchführbar gehalten, abseits zu bleiben und das Allgemeine und Gleichzeitige der besinnlichen Stunden für sich zu streichen und zu leugnen. Das war ja der Grund, das Alleinsein zu scheuen und die Gemeinsamkeit mit den Verwandten, die sich sonst nicht um ihn kümmerten, und besonders der drei halbwüchsigen Kinder, für die er in einem immer deutlicher und häßlicher werdenden Sinn der Weihnachtsmann war, zu ertragen. Und dieser Uschi Gärtner, Hohenbergstraße vierzehn, einem Kind, glaubte die Mutter vorenthalten zu können, was sich im Lichterbaum, und wäre es der kleinste, in einer Bescherung, und wäre sie die ärmlichste, in einem Kuchen, und wäre er der billigste, als Ereignis und Erlebnis des umfassend Festlichen darstellt.

Wie immer auch der alte Mann versuchte, sich solcher fruchtlosen Gedanken an fremde, unbekannte Menschen zu erwehren, er vermochte es nicht, weil sie sich in das wohlbekannte Bild des ihm unweigerlich Bevorstehenden verhakt hatten. Und die seltsame Beunruhigung, die von ihnen ausging, wurde er erst los, als er sich entschloß, sie als eine Art Anruf zu begreifen, als eine Lockung vielleicht, etwas Ausgefallenes, etwas Außergewöhnliches zu tun. Es fiel ihm ein, daß womöglich gerade er den Gärtners, Mutter und Tochter, zu einer kleinen Weihnachtsfeier verhelfen könne. Der blanke Zufall, der Regen der Vorsehung oder wer immer hatte ihm die Kenntnis ihrer absurden Absicht schließlich überhaupt nur zugespielt, um ihn eingreifen, um ihn obendrein sein eigenes Mißbehagen überwinden zu lassen. Das wäre eine doppelte Lösung, und beiden Teilen, denen und ihm, wäre damit gedient – und nicht nur gedient, es könnte ihnen sogar eine Bescherung echter und seltener Art daraus werden.

Der alte Mann geriet mit dieser Vorstellung und Einsicht in eine ganz ungewohnte Lebhaftigkeit des Überlegens und Planens und Umherlaufens und Besorgens. Es begann damit, daß er auf dem Tisch seiner kleinen Stube seine ganze Barschaft ausbreitete, daß er nachzählte, alles Nötige an fälligen Ausgaben notierte und addierte und so den freibleibenden Betrag herausrechnete, der ihm zur Verfügung stand. Der war nicht eben groß, und es bemächtigte sich seiner die Furcht, an dieser sinnfälligen und sträflichen Unzulänglichkeit könne sein Vorhaben zunichte werden. Er setzte die Positionen des Erforderlichen auf das Äußerste herab und strich alles, was er für sich selber an minimalen Zugeständnissen vorgesehen hatte, entschieden wieder aus. Das war das Äußerste, was sich mit gutem Gewissen tun ließ. Und die Summe, die er nun erhielt, war immer noch bleich und dürr und schwindsüchtig.

So war es nicht verwunderlich, daß der alte Mann am Vormittag des Heiligabends in zehn Ladengeschäften als recht unangenehmer Kunde auffiel, denn er drängte sich

vor, weil er keine Zeit zu haben meinte, und verärgerte die einkaufenden Frauen, denen die entschwindenden Minuten noch kostbarer waren. Er nörgelte an den Waren herum, feilschte mit den Verkäufern um die Preise und zögerte unentschlossen seine Wahl hinaus, so daß jedermann um ihn her ungeduldig und ungehalten wurde und man ihn anknurrte und hinter ihm her schimpfte. Jedesmal, wenn er zu zahlen hatte, sah er dem Geld mit grimmiger Trauer nach, betrachtete er die Hände, die es nahmen, als gewalttätige Räuberpranken. Zweimal war er nahe daran, vom Kauf zurückzustehen, sein ganzes Vorhaben aufzugeben und sich zu bescheiden.

Als dann aber endlich alles beisammen war, was er haben wollte, beruhigte er sich ein wenig. Er verließ jedoch seine kleine Stube bald darauf abermals, denn es war nötig, der Nichte Bescheid zu sagen. Er ging zum nächsten Telefon-Automaten, wartete an der kühlen, windigen Ecke ärgerlich, bis ihm eine Dame, die erstaunlicherweise sehr viel Zeit hatte, Zelle und Sprechapparat überließ, und stellte die Verbindung her.

«Leonore!», rief er, als die Nichte sich meldete. «Hörst du mich? Das ist gut. Ja. Ich wollte dir sagen, daß ich heute nicht kommen kann. Nein, es geht nicht.»

Die Nichte begriff sogleich und erhob einige Einwendungen, nicht sehr nachdrücklich, eher zaghaft, aber doch mit dem Hinweis, sie habe sich vorbereitet, und die Kinder würden enttäuscht sein, und ihnen fehle er doch, der Onkel. Sie wollte den Grund wissen, ob er krank sei. Nein, erwiderte er, noch nicht, wenn er nicht noch an diesem verdammten Telefon den Schnupfen bekomme. Aber mehr könne er im Augenblick auch noch nicht sagen. Er werde sich morgen zum Mittagessen einfinden, wenn es recht sei. Damit war die Nichte Leonore einverstanden. Der alte Mann beendete das Gespräch mit guten Wünschen, und er hatte den bestimmten Eindruck, daß seine Mitteilung von den Verwandten durchaus gefaßt, ja mit Wohlwollen aufgenommen werde.

Zur angemessenen Stunde, um vier Uhr des Nachmittags etwa, machte er sich auf den Weg. Seine Wirtin hatte ihm eine alte, aus schwarzem Wachstuch gefertigte Einkaufstasche geliehen, in der er das zuvor Erworbene ohne Schwierigkeiten befördern konnte. Er ging bedächtig, hin und wieder die schwer werdende Tasche zur andern, ausgeruhten Hand hinüberwechselnd, die Hauptstraße entlang, in der nur wenige Menschen ihren Zielen entgegeneilten. In den Geschäften bereitete man sich darauf vor, zu schließen, was heute, wie man sich denken konnte, schnell und pünktlich geschah. Über der Stadt, unter den grauen Wolken, lag schon Dunkelheit, und ein feuchter, kalter Wind jagte spielerisch in willkürlichen Sprüngen und Stößen um die Häuser. Hinter vielen Fenstern war Licht, hinter einigen das mehrfache und doch weniger helle der Kerzen an Weihnachtsbäumen. Er sah dies und das, ein Auto auf dem feuchten Asphalt, eine Reihe neuartiger Straßenlampen an Peitschenmasten, die farbigen Leuchtreklamen und dahinter hier und da die winzigen Lichter der Kerzen. Er schimpfte leise brummend vor sich hin, weil die Handgriffe der Tasche eingerissen waren und mit ihren scharfkantig gewordenen Rändern schmerzhaft in die Haut seiner Finger drückten, weil der Wind ihn überfiel und frösteln ließ, weil das ganze Unterfangen eigentlich ein schierer Unsinn war.

Die Hohenbergstraße lag noch stiller da, noch menschenleerer. Die Läden blieben zurück, und kleine Vorgärten, jetzt ohne Grün und ungepflegt, traten an ihre Stelle. Die Wohnhäuser schienen hier zurückzutreten, wirkten verschlossener, reservierter. Das Haus vierzehn war bald erreicht, und im zweiten Stockwerk fand sich auch die Wohnung mit dem Namensschild «Gärtner». Der alte Mann brauchte nicht zu suchen oder an fremden Türen zu fragen. Er wartete einen Augenblick und drückte auf den Klingelknopf. Sein Herz klopfte hörbar vom Treppensteigen. Er atmete tief ein und aus.

Das Mädchen, die Uschi, öffnete die Tür. Sie grüßte gewohnheitsmäßig mit der Andeutung eines Knickses.

«Guten Tag», sagte er, «ich komme zu dir und deiner Mutter mit ein paar guten Weihnachtswünschen und ein paar Kleinigkeiten.»

Uschi war überrascht und verwirrt. Sie trat ein wenig zur Seite, um den Fremden, der es zu fordern schien, einzulassen, und sah sich zugleich, unsicher, ob es richtig sei, nach ihrer Mutter um, die daraufhin näher kam. Der alte Mann, nun im Vorraum, stellte die Tasche ab, nahm den

Hut vom Kopf und fand sich einer Frau gegenüber, die in der geöffneten Wohnzimmertür stand und deren glattes, von großen, dunklen Augen beherrschtes, stolzes und abweisendes Gesicht ihm sofort auffiel. Die Mutter ist viel hübscher als die Tochter, dachte er und wiederholte seinen Spruch.

«Von wem kommen Sie?», fragte die Frau. Sie hatte eine ruhige, beherrschte, wohlklingende Stimme.

«Ich komme von mir selber», antwortete der alte Mann, den es ärgerte, daß man ihn für einen Boten hatte halten können. Er knöpfte seinen Mantel auf.

«Und wer sind Sie?», fragte die Frau.

«Ich bin gekommen, um gemeinsam mit Ihnen beiden diese weihnachtliche Stunde zu verleben.» Er zog den Mantel aus und hängte ihn an einen freien Garderobenhaken.

«Sie haben sich im Namen, in der Wohnungstür geirrt», wandte die Frau, nun bereits etwas ungeduldiger, ein. «Wir feiern nicht. Hier wird keine ‹weihnachtliche Stunde› stattfinden.»

«Das weiß ich. Gerade deshalb komme ich.»

«Wenn die Kirche, eine Sekte oder Missionsvereinigung Sie schickt, so nehmen Sie bitte zur Kenntnis, daß Ihre Bemühung zwecklos ist. Sie sind hier unerwünscht.»

Der alte Mann nahm die Tasche auf, und mit seinem zornigen Blick, seinem Schritt und seiner Gebärde veranlaßte er die Frau, ihm den Weg ins Zimmer freizugeben. Gleichzeitig beteuerte er, die Silben einzeln betonend, als rede er zu Schwerhörigen, er habe schon gesagt, daß ihn niemand schicke, niemand. Ob er denn aussehe wie einer, der Traktätchen verkaufe oder bekehren wolle! Dieser Verdacht mochte besonders unerwartet und kränkend auftauchen, denn er fuhr die Frau mit blitzenden Augen und strengem, verweisendem Ton an:

«Aber wie können Sie sich einfallen lassen, es sei heute Festtag nur für andere, nicht auch für Sie! Wie konnten Sie sich vornehmen, diesen Tag zu mißachten und Weihnachten nicht zu feiern! Haben Sie denn keinen Augenblick an Ihr Kind gedacht?»

Seine brüchige Stimme zitterte wie die freie, beschwörend erhobene Hand. Er stellte die Tasche auf einen Stuhl, und während er insgeheim die gediegenen und geschmackvollen Möbel bewunderte, mit denen sich die seiner Nichte nicht entfernt vergleichen ließen, legte er verschiedene Päckchen auf den Tisch, zog ein winziges, in einen Blumentopf gesetztes Tannenbäumchen hervor, ein paar kleine Kerzen dazu, einen Kuchen, eine Flasche Wein.

«Wollen Sie uns nicht wenigstens sagen, wer Sie sind und wie Sie auf den Gedanken kamen, gerade uns aufzusuchen?», fragte die Frau.

Er hatte sich nicht vorgestellt, mit so viel sicherer Ruhe, mit so unbewegter Miene, mit so selbstbewußtem Willen zu tun zu bekommen, und wurde ein wenig unsicher.

«Mein Gott», brummte er, «wozu denn! Ich bin hier, weil mir nicht viel anders zumute ist als Ihnen. Aber man kann es sich doch nicht leisten, abseits zu bleiben und unbeteiligt!»

«Wir haben unsere Gründe», sagte die Frau.

«Gründe! Gründe!», verwies sie der Alte. «Was sind das schon für Gründe! Ärger und Not und Kummer und Einsamkeit. Die hat jeder. Aber für die Gründe sind ja die Feierstunden! Gerade für die Gründe. Wofür denn sonst? Ist das Christkind etwa in weichen Kissen als ein wohlbehütetes Geldwechslersöhnchen zur Welt gekommen? Als ein sorgloses Kind zwischen blanken Nußbaummöbeln und friedlicher Behaglichkeit? Na also. Hier, das ist für Sie. Und das ist für Uschi. So. Und nun kochen Sie uns eine Tasse Kaffee oder Tee oder was Sie trinken mögen. Und ein paar Gläser bitte, damit wir den Wein probieren können. Es ist nur wenig, ein bißchen kümmerlich, ich weiß. Aber das, was man haben möchte, kostet gleich ein Vermögen.»

«Sie wollen so etwas wie ein Weihnachtsmann sein?», fragte die Frau. Aber sie rührte, ebenso wie ihre Tochter, die Päckchen nicht an. Sie machte keinerlei Anstalten, seinem Wunsch zu entsprechen.

«Ach Gott», nörgelte der Alte, «Weihnachtsmann! Wozu denn? Meinetwegen auch Weihnachtsmann, wenn Sie es so wollen. Können Sie sich nicht vorstellen, daß einfach der eine zum andern kommt und für eine Stunde mit am Tisch sitzt? Gibt es das nicht mehr? Früher hat es das gegeben. Vielleicht ist es schon lange her. Aber das hat es gegeben, daß einer eintrat, um beim Kerzenlicht und beim Nachdenken dabeizusein. Er bekam dann einen Becher und eine Scheibe Brot, und man fragte nicht, und er ging wieder. So etwas gab es.»

Während dieser Worte hatte Uschi sich plötzlich erhoben. Sie hatte einen roten Kopf bekommen, hatte den alten Mann mit feindlichen Blicken angefunkelt, war aufgesprungen und eilte auf den Flur hinaus. Die Tür blieb einen Spalt weit offenstehen. Es war deutlich zu hören, daß von dem Mädchen das Telefon bedient wurde, das dort im Vorraum an der Wand hing.

«Was hat sie denn?», fragte der alte Mann. «Was soll das?»

Die Frau zuckte die Achseln, gleichmütig, als gehe sie das nichts an.

«Sie ist Ihre Tochter, und Sie wissen es nicht?», sagte der Alte. «Aber Sie wußten ja auch nicht, daß man dem Kind Weihnachten nicht nehmen darf.»

«Ja, hier Uschi», hörten sie die erregte, von Wut zitternde helle Mädchenstimme. «Mutti und ich wollten dir nur Dank und Anerkennung sagen für deinen neuen köstlichen Einfall, uns diesen Mann ins Haus zu schicken, diesen Weihnachtsmann!» Und nach einer Pause: «Ach, das weißt du doch wohl besser als wir!» Und dann wurde aufgehängt.

«Wie mißtrauisch Ihre Tochter schon ist!», sagte der alte Mann betrübt. «Das ist doch traurig. Mich hat ja wirklich niemand hergeschickt.»

«Mein Mann?», fragte die Frau zweifelnd. Sie sah nachdenklich zu Uschi, die kindlich-selbstbewußt ins Zimmer zurückkam.

«Ich kenne Ihren Gatten nicht. Und Ihr Gatte kennt mich nicht. Er kann meinen Besuch also gar nicht veranlaßt haben. Ich komme mit der einen, einzigen Absicht,

Ihnen ein wenig Weihnachtliches zu bringen. Das habe ich nicht verhehlt. Und weiter gibt es nichts. Das ist alles.»

«Woher aber wissen Sie...»

«Ach, lassen Sie das doch mein Geheimnis sein. Es war ein reiner Zufall, und ich hatte die Ohren offen. Das ist wirklich alles.»

«Nun gut», sagte die Frau. «Ich werde Kaffee kochen.» Sie nickte der Tochter beruhigend und ermunternd zu und ging hinaus.

«Und wir werden das Bäumchen schmücken, Uschi», nahm der Alte ihren Ton auf. «Es ist ein winziges Bäumchen. Aber wer sagt denn, daß es ein großer Baum sein muß? Es muß ein großer Baum sein, wenn man für ein halbes Dutzend Kinder Süßigkeiten und Nüsse und Äpfel an die Zweige hängt. Aber sonst braucht es nur ein winziges Bäumchen zu sein. Das Christkind hatte überhaupt keins. Auch keine Kerzen. Dafür hatte es allerdings einen großen Stern am Himmel über Bethlehem. Und die übrigen Sterne werden wohl wie die Flämmchen von Kerzen geleuchtet haben. Aber das Christkind war gerade erst geboren worden und hat das alles sicher noch nicht begriffen.»

Die Mutter kam mit gemahlenem Kaffee und einer Wasserkaraffe zurück. Sie klappte vom Mittelteil eines kombinierten Schranks ein Brett herab, das nun eine kleine Tischplatte bildete, zog eine gläserne Kaffeemaschine vor, füllte das Wasser und das braune Pulver hinein und tat geschickt und sicher alle Handgriffe, die das Gerät bereitmachten, das gewünschte Getränk herzustellen. Der alte Mann hatte mit zitternden Händen versucht, die kleinen Kerzen an dem Bäumchen zu befestigen, und als es ihm nicht recht gelang, war – zunächst etwas zögernd – Uschi herangetreten und hatte ihm die Mühe abgenommen. Die Frau stellte Tassen und Kuchenteller auf den Tisch, befreite die kleine Christstolle aus ihrer Cellophanumhüllung und zerschnitt sie in eine durch drei teilbare Anzahl von einigermaßen gleich großen Stücken. Uschi suchte inzwischen nach einigem Schmuck für das Bäumchen. Da aber alles dazu Vorhandene irgendwo in einer Kammer- oder Bodenecke verpackt lag, begnügte sie sich mit einer Glasperlenkette und einigen farbigen Bändern aus dem Nähkorb.

«Sie kommen zu uns und beschenken uns», sagte die Frau ebenso klar, kühl und sachlich, wie sie bisher gesprochen hatte, und obgleich die Päckchen noch immer ungeöffnet auf dem Tisch lagen. «Da Sie uns damit überraschen, haben wir nichts, was wir Ihnen schenken könnten.»

«Es ist auch gar nicht so leicht, einen alten Kerl wie mich zu beschenken», antwortete der Mann verschmitzt. «Alte Leute haben schon alles. Die Verwandten, denen es ja viel leichter fallen sollte, wissen schon seit Jahren nichts anderes als zehn Zigarren und eine Flasche Rotwein. Mir ist es Geschenk genug, wenn Sie sich ein bißchen freuen.»

Als der Kaffee sich gehörig zurechtgesprudelt hatte, zündete Uschi die sechs Kerzen an und löschte die Deckenlampe. Ihre Lebhaftigkeit, die Sicherheit ihrer Empörung und Zurückweisung war merklich verschwunden. Hatte eins der Worte, vielleicht nur das von den offenen Ohren,

sie berührt? War in ihr die dunkle Vermutung aufgetaucht, sie selber könne diesen Auftritt verursacht haben? Aber wenn es so war, dann bildete sich daraus nichts als Ratlosigkeit, und ihr kindlicher Sinn füllte sich nun dafür mit Neugier. Was kann solch ein fremder alter Mann schon für Geschenke bringen?, mochte sie sich fragen. Vielleicht ganz besondere, ganz ausgefallene? Sie setzten sich an den Tisch, und die Frau lächelte sehr behutsam, mit den Blicken eigentlich nur, die der Tochter galten und deren schnelle Gefühlswandlung ein wenig verwundert feststellten. Und während sie nun den Kaffee tranken, sagte die Frau endlich: «Na, dann wollen wir doch einmal nachsehen.»

Vier Hände entknoteten die Verschnürungen, vier gewandte und flinke Hände. Papier wurde zurückgeschlagen und gefaltet, und die billigen Herrlichkeiten traten im gedämpften Kerzenlicht prunkend zutage: je ein Kästchen Konfekt, ein zartgetöntes, leichtes Seidentuch für die Frau und ein Spiel aus verschiedenfarbigen und verschieden geformten, glatten Kunststoffplättchen, die zum Anfassen, zum wohligen Abtasten geradezu herausforderten, für das Mädchen. Ausrufe des Verwunderns und der Zustimmung wurden laut, und beide, Mutter und Tochter, mußten sich gestehen, daß der sonderbare Fremde tatsächlich Freudebringendes für sie herausgefunden hatte. Das kleine Tuch hatte in seiner hellen Farbe und in seiner seidigen Beschaffenheit so viel freundlich Anschmiegsames, daß die Frau leicht errötete, als sei ihr ein Kompliment gemacht worden. Die größere Aufmerksamkeit aber fand das Spiel, diese

Fülle von ganz unregelmäßigen Vier-, Fünf- oder Sechsecken, die sich aus ihrem chaotischen Durcheinander, aus der Unordnung, zu geometrischer und farblicher Ordnung sollten zusammenfügen lassen.

Während sie noch von der Christstolle aßen, die an Mandeln, Rosinen und Zitronat alles enthielt, was ein gutes Rezept vorschreibt, und ihren Kaffee dazu tranken, begannen sie bereits mit dem spielerisch-sinnvollen Ordnungschaffen, das immer neue Versuche und mancherlei Bemühungen verlangte. Es gelang ihnen zunächst nur, kleinere Figuren zusammenzustellen, die viele Steine übrigließen. Aber sie entdeckten auch bereits, daß ein Vielerlei an Formen und Farbmustern und schließlich ganz gewiß auch ein ebenmäßiges Gebilde möglich und zu erreichen sei, das alle vorhandenen Teile sinnvoll nötig hatte.

So waren sie, die ganz Junge, der ganz Alte und die Frau, ins gemeinsame Spiel vertieft und hatten schon fast vergessen, daß sie einander fremd waren und ein absonderliches feiertägliches Beieinander bildeten, als die Türklingel schrillte. Uschi sprang auf und lief, halb beunruhigt, halb erwartungsvoll hinaus, um zu öffnen. Bald darauf stand ein weiterer, nicht erwarteter Gast in der Tür, ein ansehnlicher, sympathisch wirkender Mann im winterlichen Ulster, ein Päckchen und einen eingeschlagenen Blumenstrauß im Arm. Es war Herr Gärtner, der Gatte und Vater, und mit einem eisigen Hauch wehte sein Erscheinen alles fort, was sich hier soeben noch an menschlicher Freundlichkeit und Bereitwilligkeit gebildet hatte. Der Mann blickte mit

unverhohlenem Erstaunen auf die herabbrennenden Kerzen des zwerghaften Bäumchens, auf den Tisch, auf die Geschenke, auf seine Frau und den Fremden. Und eine arge Verlegenheit zeichnete sich nun in seine Züge, die offenbar nichts verbergen konnten.

«Es war ein Irrtum», sagte die Frau klar, kühl und ohne einen anderen Gruß.

«Ja, natürlich», sagte er sogleich. «Natürlich war es ein Irrtum.»

Der alte Mann war aufgestanden und einen Schritt ins Halbdunkel zurückgetreten. Aber Uschi kam heran, zog ihn näher zu ihrem Vater und sagte lachend: «Das ist der Weihnachtsmann! Entschuldige bitte, aber ich hatte gedacht...» Sie tat ganz unbefangen, um ihr ungehöriges und unbegründetes Auftrumpfen so schnell wie möglich vergessen zu machen und um von der bedrohten Stimmung soviel wie möglich zurückzuhalten. Herr Gärtner lachte auch. Er gab dem alten Mann die Hand und sagte mit heiterer Feierlichkeit, als werde ihm eine Berühmtheit vorgestellt: «Ich hätte nicht zu hoffen gewagt, dem Weihnachtsmann doch noch einmal ganz richtig und persönlich zu begegnen.»

Er legte seiner Tochter das Päckchen und den Blumenstrauß in die Hände, mit denen sie eilig zu einem Stuhl trat, um die Papierhüllen zu entfernen. Sie zeigte etwas übertrieben Freude und Erwartung, um so viel übertrieben, wie die Mutter zu unbeweglicher Kälte verstummte. Herr Gärtner aber wurde aufs neue verwirrt, da er nicht recht wußte, was nun von ihm erwartet wurde, und so sagte er verlegen wie ein Schuljunge: «Na, dann werde ich wieder gehen.» Und als Uschi und der alte Mann protestierten: «Es ist doch alles in schönster Ordnung. Und ich habe hier nur gestört, störe nur ...»

«In dieser Stunde stört niemand», sagte der alte Mann. «Gerade davon sprachen wir vorhin. Ziehen Sie Ihren Mantel aus und setzen Sie sich zu uns!» Und mit seiner alten Stimme klang das wie ein Gebot.

Frau Gärtner sagte weder ja noch nein, obgleich wohl auch sie sich hätte äußern sollen. Ihr Ausdruck und ihre starre Haltung mochten bedeuten, ihr Mann sei unerwünscht. Aber sie wandte sich zum Geschirrschrank, um eine Tasse bereitzustellen, als er sie unentschlossen, das Bleiben also in Betracht ziehend, anblickte.

«Du hast doch gewiß keine Zeit», sagte sie so, als müsse sie ihm die Ausrede in den Mund legen. Aber er erwiderte: «Zeit – warum sollte ich keine Zeit haben? Ich versäume nichts. Ich bin nicht darauf vorbereitet, das ist es nur. Ich wäre nachher zu Müllers gegangen.» Und Müllers mochten Freunde sein, die er an diesem Tag ohne Förmlichkeit hätte besuchen können, denen er aber ebenso, ohne sie zu kränken, fernbleiben durfte.

Uschi hatte inzwischen lebhaft, geschäftig einige Chrysanthemen und eine Konfektpackung freigelegt und eilte nun, da die Lichter des kleinen Bäumchens am Ende waren, um aus einem Schrankkasten alte Kerzenreste hervorzusuchen. Und wie der Augenblick es erforderte, fand sie die in einer alten Pappschachtel gesammelten

Überbleibsel früherer Weihnachts- oder Geburtstagsilluminationen, die sich sonst wohl sehr versteckt gehalten hätten, sofort beim ersten Zugreifen. Aber nun mußten sie auf dem Bäumchen auch angebracht werden, wozu es zarter Vorsicht und einiger Geduld bedurfte. Und als das getan war, brauchten die Blumen ihre Vase.

Als Uschi endlich ihren Platz wieder einnehmen konnte, saß der Vater bereits neben dem alten Mann, mit Kaffee und Kuchen versorgt, und ließ sich das Spiel erklären, das sofort seine Aufmerksamkeit auf sich gezogen hatte. Und einige Minuten später waren sie alle vier dabei, auch die Frau, die unversehens aus ihrer Zurückhaltung gelockt wurde, aus dem Durcheinander der glatten, farbigen Steinchen eine in Form und Farbe geometrisch einwandfreie oder doch sinnvoll harmonische Figur zu legen. Das zu bewerkstelligen war nicht leicht, aber der vierfachen Bemühung, die jede Figur anzugleichen, zu ergänzen, das Unpassende, Unharmonische zu meiden suchte, schien die Aufgabe gelingen zu wollen.

Es wurde nichts gesprochen, was nicht auf das Spiel Bezug hatte. «Gibt es noch einen grünen Stein, der hierherpaßt?» oder «Sollte man nicht erst hier weitermachen?» oder «Da muß wohl die Ecke wieder weggenommen werden». Das Spiel war zur rechten Stunde ein vielleicht simples, aber zugleich zauberhaftes Medium, das ganz einfach zu bewirken vermochte, was alle Weisheit und Psychologie nicht zustande gebracht hätten: diese Begegnung, dieses Beieinander, diese im Grunde heitere Gelöstheit.

Aber der alte Mann spürte alsbald, daß er in dem Maße, in dem die auf das Spiel bezogenen Reden auf spielerische Art einen doppelten Sinn bekamen, er selber immer überflüssiger werden müsse. Hatte ein Wort zugleich eine familiäre Bezüglichkeit, die ihm nicht verständlich war, dann wurde er wieder zum Fremden, der er ja doch war, und womöglich zum Störenfried. Für eine gewisse Zeit war der Fremde nötig gewesen, von einem gewissen Zeitpunkt an war er zu viel und lästig. So benutzte er einen Augenblick des Eifers, um sich zu erheben und so zu tun, als gehe er nur einmal hinaus, um alsbald zurückzukehren. Unbemerkt von den Spielern nahm er die alte, abgetragene Wachstuchtasche auf, die im Schatten des Schranks neben der Tür stand, ging in den Vorraum hinaus, zog seinen Mantel hastig über und verließ die Wohnung. Das Zuziehen der Flurtür mochte sich kaum anders anhören als das Schließen jeder andern Tür, so daß sein Fortgehen nicht sofort bemerkt wurde. Erst als er unten an der Haustür war, hörte er Uschi mit langen Sprüngen hinter sich herkommen. Sie versuchte, ihn mit allen Mitteln der jugendlichen Beredsamkeit zur Umkehr zu veranlassen. Aber er blieb fest.

«Liebes Kind», sagte er, «der Weihnachtsmann kommt, aber er geht auch sogleich wieder. Hast du davon gehört, daß er je irgendwo sitzen geblieben ist? Nein, nein, es ist höchste Zeit.»

Er ging durch die kalten, windigen, dunklen Straßen, deren Häuserreihen von grellen Lichtern der Reklame und gedämpften des Festes funkelten, nach Hause. Er trat in

seine kleine Stube, die ganz unweihnachtlich war, und fröstelnd setzte er sich in seinen Sessel und zog eine Decke über die Beine. Etwas länger als zwei Stunden war er fortgewesen. Es war ihm, als höre er die sachlich-klare Stimme der Frau noch einmal: «Hier wird keine weihnachtliche Stunde stattfinden!» Und: «Es war ein Irrtum.»

Er lachte vor sich hin. Aber es wurde bald ein grimmiges Lachen daraus und ein nörgelndes Kichern der Unzufriedenheit und des Ärgers. Er konnte sich doch jetzt noch nicht ins Bett legen. Er mußte sich noch eine Scheibe Brot abschneiden, die sein Abendessen vorstellen würde. Und er mußte noch ein paar Stunden lang so sitzen bleiben, während ringsumher in den Wohnungen die Weihnachtskerzen brannten, Weihnachtslieder gesungen wurden, weihnachtliche bunte Teller auf den Tischen standen. Er hatte solch einen Heiligen Abend noch nicht erlebt. Aber er konnte auch nicht mehr zu seinen Verwandten fahren. Es war zu spät, und er selber hatte abgesagt.

Irrtum? Manches war Irrtum, das meiste vielleicht. Dieser Abend auch?

Aber dann stellte er sich vor, wie die drei Gärtners um den Tisch saßen und mit Hilfe seines Spiels vielleicht das geschlossene Gebilde fanden oder – wiederfanden. Nein, dieser Abend durfte kein Irrtum sein. Und damit schwand sein Mißmut langsam, und er fand sich damit ab, daß er nun nichts weiter zu erwarten hatte.